NN

NN

Bilingual Edition

Luis E. Mendoza

EL SUR
ES
AMÉRICA

Título original/Original Title: NN

Primera edición bilingüe/First bilingual edition: April, 2021

Editor: Amado J. Láscar

Traducción/Translation: Carli Henman & Alicia K. Miklos

Diseño de portada/Cover Design: Luis E. Mendoza

Diagramación/Layout: Rosario Mejía

Retrato del autor/Author´s Portrait: Jesús Aznar

Foto interior/Photo: Anonymous (Ticlio, Perú)

ISBN-978-1-7361784-2-3

Editorial El Sur es América, LLC.

Virginia, Estados Unidos

ElSurEsAmerica@gmail.com

www.ElSurEsAmerica.com

Prologue

NN decolonial

The reader has found a text that constructs itself and dissolves between various traditions and events described, poetically resolved in this work. Although NN is a bilingual text, translated into English from Spanish, it also incorporates words and traditions from several other cultures that faced off on this continent (Spanish, Mexica, Quechua, Mapuche, Latin, etc.) related to each other, by different levels of colonialism, which not only enriches Mendoza's literary text, but also places it at the intersection of various traditions and worldviews. These worldviews, when they come into contact with each other, create an explosion of possible meanings, of truncated experiences and abortive practices as a result of the imposition of an expansive culture onto numerous local societies.

Luis E. Mendoza creates a chorus based on the Nahuatl language within the text that repeatedly marks a circular meaning in his long poem, from beginning to end:

Where eagles are stolen/where tigers are imposed/colonialism is invoked

This repetition reminds us of a litany, a text of invocation and request; evidencing from the very beginning the transgression created by the conquest by exporting its violence, its diseases, and

Prólogo

NN decolonial

El lector ha encontrado un texto que se construye y se disuelve entre varias tradiciones y eventos descritos, resueltos poéticamente en este trabajo. Aunque NN es un texto bilingüe, traducido al inglés del castellano, incorpora además vocablos y tradiciones de varias otras culturas enfrentadas en este continente (española, mexica, quechua, mapuche, latina, etc.) relacionadas entre ellas, por distintos niveles de colonialismo, que no solo enriquecen el texto literario de Mendoza, sino que lo sitúan en la intersección de varias tradiciones y visiones de mundo. Estas cosmovisiones, al entrar en contacto entre ellas, crean una explosión de significados posibles, de experiencias truncadas y prácticas abortivas por efecto de la imposición de una cultura expansiva sobre numerosas culturas locales.

Luis E. Mendoza crea un estribillo basado en el náhuatl dentro del texto que marca recurrentemente un sentido circular en su largo poema, desde comienzo a fin:

Donde se roban las águilas/ donde se imponen los tigres/ el colonialismo es invocado

Esta repetición nos recuerda una letanía, un texto de invocación y solicitud; evidenciando desde el mismo comienzo la transgresión creada por la conquista al exportar su violencia, sus enfermedades y

its vertical culture, surpassing in punishment the brutalized mob of old Europe.

Like a glob of spit that descends,/finances are imposed/oh giver of income/the cold war of bodies is coming

We see how the paraphrasing of the Nahuatl verses is a recreation from a moment in the future of the criminal effect produced by the conquest and the advancement of patriarchal and Christian European culture, mounted on steel, versus the bronze of the cultures of this also old continent. His irony, his contempt along with the constant sarcasm, envelop these verses within an aura of wisdom and defiance, which, despite the directness they sometimes seem to manifest, are constructed and deconstructed by extending and taking our hand as if it were one of those particles that quantum physics studies when observing the creation of matter.

The exchange of images and their juxtaposition, which mix various cultures in a single line, creates a fascinating sense of deconstruction of our own reference points by creating an elusive context, from a single cultural paradigm. For example:

Because this Katun imposed from the North,/is a katun of hysteria & electricity

In this way times, languages, historiographies, literatures, present and past are expressed within a variety of simultaneous worlds, becoming the fundamental substrate on which the poetic edifice of NN stands.

The war between Europeans and natives on this continent is expressed as a cataclysm for the hundreds of independent and autonomous cultures that inhabited *Abya Yala*, before the arrival of the Europeans (and of which still remain 10% of the population

su cultura vertical, superando en el castigo a la embrutecida plebe de la vieja Europa.

Como escupitajo que baja,/ se van imponiendo las finanzas/ oh dador de los ingresos/ se acerca la guerra fría de los cuerpos.

Vemos cómo el parafraseo de los versos náhuatl es una recreación desde un momento en el futuro del efecto criminal producido por la conquista y el avance de la cultura europea patriarcal y cristiana, montada sobre el acero vs. el bronce de las culturas de este también viejo continente. Su ironía, su desacato junto con el constante sarcasmo, envuelven a estos versos dentro de un aura de sabiduría y desafío, que a pesar de lo directo que a veces parecen decir, se construyen y se desconstruyen extendiendo y recogiendo la mano como si fuera una de esas partículas que estudia la física cuántica cuando se observa la creación de la materia.

El intercambio de imágenes y su yuxtaposición que mezclan diversas culturas en una sola línea, crea una fascinante sensación de desconstrucción de nuestros propios puntos de referencias mediante la creación de un contexto inaprensible, desde un solo paradigma cultural. Como por ejemplo:

Porque este katún impuesto desde el norte,/ es katún de histeria & electricidad

De este modo tiempos, lenguas, historiografías, literaturas, presente y pasado son expresados dentro de una variedad de mundos simultáneos, viniendo a ser el sustrato sobre el cual se erige el edificio poético de NN.

La guerra entre europeos y nativos en este continente es expresada como un cataclismo para los cientos de culturas independientes y autónomas que habitaban *Abya Yala* (y que de las cuales aún queda un 10% de la población de *América*). Abya Yala,

of *America*). Abya Yala, name given by the Kuna Indians to this continent, called America by us thanks to the baptism made within the Medici court, after the construction of the so-called *Mapamundi*.

The literary order, Mendoza says, *hides the extra-literary disorder.*

We can observe in this powerful verse how symbolism is exposed as the main ideological tool of colonization, just as weapons and steel were essential in the conquest phase of it. We know that the conquest used four main tools to subdue ("pacify") the inhabitants of so-called America: the sword, the cross, the pen, and the phallus. The sword opens them, the cross penetrates them, the pen governs them, and the phallus multiplied miscegenation, follower of the new order, so strange to its ancestors, which is called civilization by the winner's criteria. You are killed, basically for your own good and for the good of those who come after you.

The more things change the more they remain the same, says Mendoza, in one of those intertextual verses that keep sarcasm like a spear at the ready, which despite disappearing at times, reappears again to *bury itself in the strongest back,* paraphrasing our Vallejo. The *status quo* is one of the largest circles in this story, perhaps the celebration of the status quo by those who suffer it in flesh and blood is one of the keys to deciphering this long epic poem by our enlightened Andean writer.

The fundamental power of this text is certainly related to memory. But our memory has been confused. We have been filled with education to forget. The miscegenation itself is a kind of biological mixture to forget, even if we have not emerged from mere bastardy. Who do you prefer to support? The winner, or the loser you carry in your blood? This is where the question our poet suggests in NN goes. To the sword or to the people?

Amado J. Láscar
Ohio, U.S.

nombre dado por los Indios Kuna a este continente, llamado americano por nosotros gracias al bautizo hecho dentro de la corte de los Medici luego de la construcción del llamado *Mapamundi*.

El orden literario, dice Mendoza, *oculta el desorden extraliterario*

Podemos observar en este poderoso verso cómo el simbolismo es expuesto como la herramienta ideológica principal en la colonización, así como las armas y el acero fueron esenciales en la etapa de la conquista. Sabemos que la conquista utilizó cuatro herramientas principales para sojuzgar ("pacificar") a los habitantes de la supuesta América: La espada, la cruz, la pluma y el falo. Con la espada se abre, con la cruz se penetra, con la pluma se rige y con el falo se multiplica el mestizaje adepto al nuevo orden, tan extraño a sus ancestros, y que es llamado civilización a criterio del vencedor. Usted es asesinado, básicamente por su propio bien y el de los que vienen después de usted.

Que las cosas cambien para que sigan como están, dice Mendoza, en uno de esos versos intertextuales que mantienen el sarcasmo como una lanza en ristre que, pese a desaparecer a veces, reaparece nuevamente para enterrarse *en el lomo más fuerte*, parafraseando a nuestro Vallejo. El *statu quo* es uno de los círculos mayores de esta historia, tal vez la celebración del status quo por quienes lo sufren en carne viva es una de las claves para descifrar este largo poema épico de nuestro iluminado escritor andino.

El poder fundamental de este texto está ciertamente relacionado con la memoria. Pero nuestra memoria ha sido confundida. Hemos sido llenados de educación para olvidar. El mestizaje mismo es una suerte de mezcla biológica para olvidar, aunque no hayamos salido de la mera bastardía. ¿A quién prefiere usted apoyar? ¿Al vencedor, o al perdedor que lleva en su sangre? Por ahí va la pregunta que nos sugiere nuestro poeta en NN. ¿A la espada o a la gente?

Amado J. Láscar
Ohio, EE.UU

NN

NN

NN

*"The conceited villager believes the whole world
is his village"*

José Martí

NN

"Cree el aldeano vanidoso que el mundo entero es su aldea"

José Martí

Where eagles are stolen
Where tigers are imposed
Colonialism is invoked

Like a gob of spit that descends,
Finances are being imposed
Oh giver of income
The cold war of bodies is coming

Jade & feathers in the markets,

      maladjusted, rebellious & civilized

Private soldiers facing the paradigm,

      fitting points without breaking the rules

Echoes of Marco Polo & Pierre D'Ailly,

      what fits in a fist or a scream

The question of the Colombian monopoly,

      the question of Puerto de Palos in the South

Sumatra Strait instead of Magellan Strait,

      Amazon across the Ganges River

The greater and Lesser Antilles,

      Taino indians recruiting tobacco

Abya Yala, Anahuac, Atlantis well-nourished

      rituals of war like waves

Donde se roban las águilas

Donde se imponen los tigres

El colonialismo es invocado

Como un escupitajo que baja,

Se van imponiendo las finanzas

Oh dador de los ingresos

Se acerca la guerra fría de los cuerpos

El jade & las plumas en los mercados,

          inadaptados, rebeldes & civilizados

Soldados rasos frente al paradigma,

          encajando puntos sin quebrar las reglas

Ecos de Marco Polo & Pierre D'Ailly,

          lo que cabe en un puño o en un grito

La cuestión del monopolio colombino,

          la cuestión de puerto de Palos en el sur

Estrecho de Sumatra en lugar de Magallanes,

          Amazonas a través del río Ganges

Antillas mayores & menores,

          indios taínos reclutando tabaco

Abya Yala, Anáhuac, Atlántida nutrida

          rituales de guerra como olas

Scrambled against the hurricane chest,

        we rule in the Exchange Square

Algorithms before the arrival of the bearded,

        screws in the eyes of the hegemon

The triple bite of our consciousness,

        drums, obsidian, property titles

Fire detritus in the sanctuaries,

        riding over your wings

It is not a matter of bodies,

        role reversal in favor of patriarchy

The Amerindian ritual way,

        Pizarro, Narváez & Cortés, those old foxes

Marginalia of spiritual wars,

        songs of war like a roar of waves

The juicy siege of Tenochtitlan,

        closed the exits, the steps, the entrances

It is dying down in the house of youngsters,

        facing the song of sirens it is dying

"Somos perecederos, somos mortales,

        déjenos pues ya morir

Déjenos ya perecer,

        puesto que ya nuestros dioses han muerto"*

---

* Excerpt from the Nahua text "Colloquium of the Twelve".

Revueltas contra el pecho huracanado,

en la Plaza de Intercambios ordenamos

Algoritmos ante la llegada de los barbudos,

tornillos en los ojos del hegemón

La triple mordedura de nuestra consciencia,

tambores, obsidianas, títulos de propiedad

Detritos de fuego en los santuarios,

cabalgando sobre tus alas

No es cuestión de cuerpos,

inversión de roles en favor del patriarcado

A la manera ritual amerindia,

Pizarro, Narváez & Cortés, esos viejos zorros

Marginalia de guerras espirituales,

cantos de guerra como estruendos de olas

El asedio jugoso de Tenochtitlan,

cerradas las salidas, los pasos, las entradas

Se agoniza en la casa de los jóvenes,

frente al canto de sirenas se agoniza

"Somos perecederos, somos mortales,

déjenos pues ya morir

Déjenos ya perecer,

puesto que ya nuestros dioses han muerto""*

---

* Extracto del texto Nahua "Coloquio de los Doce".

The great tiger, the great eagle, the great warrior,

        Asian notions instead of native ones

38 pounds of heavy metal,

        flower & song in colonial times

Mayas, Quechuas, Nahuatl, Mapuche

        on whose breasts the cannons ricochet

Because this Katun imposed from the North,

        is a Katun of hysteria & electricity

Where eagles are stolen
Where tigers are imposed
Colonialism is invoked

Like a glob of spit that descends,
Finances are imposed
Oh giver of income
The cold war of bodies is coming

& they were saying

        & repeating:

Only he who possesses things dominates,

        the name cataloger dominates

The Giver of Life dominates,

        expanding without taking roots

El gran tigre, la gran águila, el gran guerrero

nociones asiáticas en lugar de nativas

38 libras de metal pesado,

flor y canto en tiempos coloniales

Mayas, quechuas, náhuatl, mapuches

en cuyos pechos rebotan los cañones

Porque este katún impuesto desde el norte,

es katún de histeria & electricidad

Donde se roban las águilas

Donde se imponen los tigres

El colonialismo es invocado

Como un escupitajo que baja,

Se van imponiendo las finanzas

Oh dador de los ingresos

Se acerca la guerra fría de los cuerpos

& decían

& repetían:

Solo quien posee las cosas domina,

el catalogador de nombres domina

Domina el Dador de Vida,

sin echar raíces se expande

He who macaws dominates,

   who projects flint as birds

How long will your macaws break the world?

   Here-here, there-there

In the place of Pedro de Alvarado,

   Here-here, there-there

We impose ourselves in the place of the Batab,

   discarding detritus on the hills

Full holes of your tongue,

   detritus trees of your lips

They arrived, they arrived

   food & refreshments for the Christians

Earth's cosmic ages

   & it was said & it was repeated:

"Del interior del cielo, venían

   las bellas flores, los bellos cantos" *

Cormorants were coming, images by themselves

   inside the sky they bowed

That's why they said, they meant

   that before there were four extensive suns

It was said, it was referred

   that the fifth was the foreshortening of fortune

---

* Excerpt from the Nahuatl poem "Flowers and Songs".

Domina quien rompe guacamayos,

        quien proyecta sílex como pájaros

¿Hasta cuándo tus guacamayos romperán el mundo?

        Aquí-aquí,   allá-allá

En el lugar de Pedro de Alvarado,

        Aquí-aquí,   allá-allá

En el lugar del Batab nos imponemos,

        desechando detritos en los cerros

Huecos plenos de tu lengua,

        árboles detritus de tus labios

Ya llegaron,   ya llegaron

        comida & refrigerio para los cristianos

Son las edades cósmicas de la tierra,

        & decían   & repetían:

"Del interior del cielo, venían

        las bellas flores, los bellos cantos"*

Venían cormoranes, imágenes por sí mismas

        al interior del cielo se inclinaban

Por eso se decía, se refería

        que antes había cuatro extensos soles

Se decía, se refería

        que el quinto era el escorzo de la suerte

---

* Extracto del texto Nahua "Las Flores y los cantos".

Already in the sign 4-Water,

       the sky & the sun were cemented

That's why they said, they meant.

       then the water flooded everything

Then came the 4-Tiger sign,

       the second sun was cemented

That's why they said, they meant.

       time of tigers & giants

Already in the sign 4-Rain,

       the third sun was cemented

It rained pure framed fire,

       that's why they said, they meant.

The 4-Wind sign was imposed then,

       the fourth sun was cemented

Everyone became monkeys, hurricane wind of blue

       that's why they said, they meant.

Then came the 4-Movement sign,

       the fifth sun was rising

"En él habrá movimientos de tierra

       habrá hambre & así pereceremos"*

---

* Excerpt from the Nahuatl poem "The Five Suns", from *Anales de Cuautitlán*.

Ya en el signo 4-Agua,

   se cimentaba el cielo & el sol

Así se decía, así se refería

   luego el agua inundaba todo

Luego venía el signo 4-Tigre,

   se cimentaba el segundo sol

Así se decía, así se refería

   tiempo de tigres & gigantes

Ya en el signo 4-Lluvia,

   se cimentaba el tercer sol

Llovía puro fuego enmarrocado,

   así se decía, así se refería

Se impuso luego el signo 4-Viento,

   se cimentaba el cuarto sol

Se volvían todos monos, azul de viento huracanado

   así se decía, así se refería

Entonces llegaba el signo 4-Movimiento,

   el quinto sol se levantaba

"En él habrá movimientos de tierra

   habrá hambre & así pereceremos"*

---

* Extracto del texto Nahua "Los cinco soles", perteneciente a los *Anales de Cuautitlán*.

Where eagles are stolen
Where tigers are imposed
Colonialism is invoked

Like a glob of spit that descents,
Finances are imposed
Oh giver of income
The cold war of the bodies is coming

The Toledo Reforms sign the colony,

        gentlemen with free leg, power, and jurisdiction

Inter caetera, Eximiae devotionis, Dudum siquidem

        Latin declensions endure all

Colonize the finite through the infinite,

        Dominicans, Franciscans, Augustinians & Jesuits

From the great heavenly master flavor,

        gathering horns, flesh and religion

High expectations of visitors,

        the Country of Cinnamon, the legend of El Dorado

Incorporation of border areas,

        penetrating rivers of vast snakes

Is only the lie the truth and the rest is a lie?

        the lexicon is at the service of power

Donde se roban las águilas

Donde se imponen los tigres

El colonialismo es invocado

Como un escupitajo que baja,

Se van imponiendo las finanzas

Oh dador de los ingresos

Se acerca la guerra fría de los cuerpos

Las Reformas Toledanas rubrican la colonia,

        señores con pierna libre, potestad & jurisdicción

Inter caetera, Eximiae devotionis, Dudum siquidem

        las declinaciones del latín aguantan todo

Colonizar lo finito a través de lo infinito,

        Dominicos, Franciscanos, Agustinos & Jesuitas

Del gran sabor celestial maestro,

        juntando cuernos, carne & religión

Altas expectativas de los visitantes,

        El País de la Canela, la leyenda del Dorado

Incorporación de las zonas de frontera,

        penetrando ríos de serpientes vastas

¿Solo la mentira es cierta y lo demás es mentira?

        al servicio del poder está el lexicón

"le mostraron al dicho mi tío una carta o libro o no sé qué,

        diciendo que aquella era la quillca de Dios y del rey,

y mi tío como se sintió afrentado del derramar de la chicha,

        que así se llamaba nuestra bebida, tomó la carta y la

                /arrojó"*

Spreading impotence & Structure,

        public surface of private conquests

Republic of Indians, Republic of speculators

        clean fist to colonized shell

Disassembling cartridges of memory,

        consciousness without maps or territories

Tenacious Mapuche resistance,

        Caupolican at the place of writing

Proem to the reader: Republics of the New World,

        doing what you can, not doing what you want

Cities clad in heroism

        brittle & ribbed, national silicone

Asunción, Bogotá, Port-au-Prince, San Juan

        Caracas, Guatemala, Santo Domingo, Tegucigalpa

Priorities via the Westphalia Treaty,

        signs of the decline of the Habsburgs

---

* Excerpt from chronicle of Cajamarca by Titu Cusi Yupanqui.

"le mostraron al dicho mi tío una carta o libro o no sé qué,

        diciendo que aquella era la quillca de Dios y del rey,

y mi tío como se sintió afrentado del derramar de la chicha,

        que así se llamaba nuestra bebida, tomó la carta y la

              /arrojó"*

Esparciendo impotencia y Estructura,

        superficie pública de conquistas privadas

República de indios, República de especuladores

        a puño limpio a cascarón colonizado

Cartuchos desarmados de memoria,

        conciencia sin mapas ni territorios

Resistencia tenaz de los mapuches,

        Caupolicán en el lugar de la escritura

Proemio al lector: Repúblicas del Nuevo Mundo,

        haciendo lo que se puede, no haciendo lo que se desea

Ciudades revestidas de heroicidad,

        quebradizas & acanaladas, silicona nacional

Asunción, Bogotá, Puerto Príncipe, San Juan

        Caracas, Guatemala, Santo Domingo, Tegucigalpa

Prioridades vía el tratado de Westfalia,

        signos del declive de los Habsburgo

---

* Extracto castellanizado de la crónica de Cajamarca de Titu Cusi Yupanqui.

Honorable coupling in the Indies,

        Royal Decree of Fernando The Catholic

Creating the incentives, evaluating the reactions

        tilting the cannons against America

Vanitas vanitatum et omnia vanitas,

        & what is part of the structure

The one who does not look like an Indian looks like a mandingo,

        & may the sun remain in the middle of the sky

Where eagles are stolen

Where tigers are imposed

Colonialism is invoked

Like a glob of spit that descends,

Finances are imposed

Oh giver of income

The cold war of the bodies is coming

Spectre & modernity

        shadows that hide & obscure coloniality

Protestant turn against Catholicism,

        the epic journey becomes lyrical

Maridaje honorable en las Indias,

        Real Cédula de Fernando Católico

Creando los estímulos, evaluando las reacciones

        inclinando los cañones contra América

Vanitas vanitatum et omnia vanitas,

        & aquello que es parte de la estructura

Quien no tiene de indio tiene de mandingo,

        & que el sol permanezca a mitad del cielo

Donde se roban las águilas

Donde se imponen los tigres

El colonialismo es invocado

Como un escupitajo que baja,

Se van imponiendo las finanzas

Oh dador de los ingresos

Se acerca la guerra fría de los cuerpos

Espectros & modernidad

        sombras que ocultan & oscurecen colonialidad

Giro protestante contra el catolicismo,

        el periplo épico se vuelve lírico

A propaganda system in the Indies,

        action, reaction, & synthesis

The ideological construction of the saints,

        tender virgins in green years

Santa Rosa, Santa Rita, San Juan Diego

        three medals for Santiago wines

The baroque as an art of counter-reform,

        gold, jades, rich words, quetzal plumages

Tension between individual freedom & established order,

        pictorial, deep, open, & seductive

For all that ceased to be,

        without ceasing to do

For all that prevented being done,

        without which we could make ourselves

Montevideo, México, San José, Santiago

        Quito, Buenos Aires, Salvador, La Habana

Curved devices under numb suns,

        No son perlas para Juan Terrón

Unexpected treatises in the South seas,

        rain & mercury in the inter-Andean zone

Designing obrajes in Quito,

        survival strategies along textiles

Sistema de propaganda en la Indias,

        acción, reacción & síntesis

La construcción ideológica de los santos,

        vírgenes tiernas en años verdes

Santa Rosa, Santa Rita, San Juan Diego

        tres medallas para los vinos de Santiago

El barroco como arte de la contrarreforma,

        oro, jades, palabras ricas, plumajes de quetzal

Tensión entre libertad individual & orden establecido,

        pictórico, profundo, abierto & seductor

Por todo eso que dejó de ser,

        sin dejar de hacerse

Por todo eso que impidió hacerse,

        sin que pudiéramos hacernos

Montevideo, México, San José, Santiago

        Quito, Buenos Aires, San Salvador, La Habana

Dispositivos curvos bajo soles entumecidos,

        No son perlas para Juan Terrón

Tratados inesperados en los mares del Sur,

        lluvia & azogue en la zona interandina

Diseño de los obrajes en Quito,

        estrategias de sobrevivencia en los textiles

Hegemony of sugar versus tobacco,

       each island that never repeats itself

Dripping waters of the Golden Age,

       stony soils, colonial churches

Controversy between El Lunarejo & Faria e Sousa,

       sharp mouth, sharp tongue

The literary order hides the extraliterary disorder,

       ghostly visions challenging writing

& the history like a harpoon in the back,

       flying over radical domes

Such an exercise of false ritual,

       apparent crisis of coloniality

Great merchant as a boat,

       throwing nets against the sea

Expanding social contract theories

       Hobbes, Rousseau, Locke & Virgin of Guadalupe

Possible taxonomy of the colony:

       drugs, bureaucracy, & holy books

Where eagles are stolen
Where tigers are imposed
Colonialism is invoked

Hegemonía del azúcar frente al tabaco,

       cada isla que no se repite nunca

Aguas chorreantes del Siglo de Oro,

       suelos pedregosos, iglesias coloniales

Polémica entre El Lunarejo & Faria e Sousa,

       filuda boca, afilada lengua

El orden literario oculta el desorden extraliterario,

       visiones fantasmales frente a la escritura

& la historia como un arpón en la espalda,

       sobrevolando domos radicales

Tan ejercicio de falso ritual,

       crisis aparente de colonialidad

Gran mercader hecho barco,

       lanzando redes contra el mar

Expandiéndose las teorías contractualistas,

       Hobbes, Rousseau, Locke & Virgen de Guadalupe

Taxonomía posible de la colonia:

       drogas, burocracia & libros sagrados

Donde se roban las águilas

Donde se imponen los tigres

El colonialismo es invocado

Like a glob of spit that descends,

Finances are imposed

Oh giver of income

The cold war of bodies is coming

Independence as a superior phase of colonialism,

                decline of scholasticism & baroque

Expansive national waves from the North,

                from colonialism to neo-colonialism

Fifth back of the myth,

                albigensian gnostic leaders

Softly chewing the Republican law,

                banging hard on the plot

Devastating nights over the burned pax,

                owning the fifth Sun of the Empire

Moving broken extensions (Flavios, Tito & Domiciano),

                role reversal in favor of patriarchy

Advancing between tides & religions,

                leaving behind broken scales

Keeping together & rotten,

                being further away from the sun

Black & yellow skin, white masks

                fulfilling the objective of overcoming the sphere

Como un escupitajo que baja,

Se van imponiendo las finanzas

Oh dador de los ingresos

Se acerca la guerra fría de los cuerpos

La independencia como fase superior del colonialismo,

> declinación del escolasticismo & del barroco

Ondas nacionales expansivas desde el norte,

> del colonialismo al neocolonialismo indirecto

Quinta espalda del mito,

> caudillos gnósticos albigenses

Masticando suave la ley republicana,

> golpeando fuerte sobre la trama

Derrumbando noches sobre la pax quemada,

> haciendo suyo el quinto sol del Imperio

Trasladando extensiones rotas (Flavios, Tito & Domiciano),

> inversión de roles en favor del patriarcado

Avanzando entre máscaras & religiones,

> dejando atrás balanzas rotas

Para que quede junto & podrido,

> quedando cada vez más lejos del sol

Piel negra & amarilla, máscaras blancas

> cumpliendo el objetivo de superar la esfera

Military secularization of messianism,

       messiah warrior & peaceful shemale

The ideological construction of the hero,

       incessant dire omens

From the center to the margins,

       there are ten leagues of flat and asphalted land

"Tiempo es que dejes ya la culta Europa

       que tu nativa rustiquez desama,

Y dirijas el vuelo adonde te abre

       el mundo de Colon su grande escena"*

Promoting the coming times,

       the more things change the more they remain the same

Coupling illustrated as cosmic race,

       red landscapes of slash & burn

Accelerating ground pulsations by 31%,

       impotent inertia of the mollusk

Reproducing the hawk's paradigm,

       broken crosses once the mirror is broken

Keeping the break open,

       expanding it to retake the sphere

& Nevertheless,

       nobody knows who he works for

---

* Excerpt from "Allocation to Poetry" by Andrés Bello

Secularización militar del mesianismo,

　　　　mesías guerrero & travesti pacífico

La construcción ideológica del héroe,

　　　　incesantes presagios áridos funestos

Del centro a los márgenes,

　　　　hay diez leguas de tierra llana & asfaltada

"Tiempo es que dejes ya la culta Europa

　　　　que tu nativa rustiquez desama,

Y dirijas el vuelo adonde te abre

　　　　el mundo de Colón su grande escena"*

Propiciando los tiempos venideros,

　　　　que las cosas cambien para que sigan como están

Maridaje ilustrado como raza cósmica,

　　　　paisajes colorados de roza & quema

Acelerando las pulsaciones terrestres en 31%,

　　　　inercia impotente del molusco

Reproduciendo el paradigma de los halcones,

　　　　cruces rotas una vez roto el espejo

Manteniendo abierta la ruptura,

　　　　escuchándola para retomar la esfera

& sin embargo,

　　　　nadie sabe para quién trabaja

---

* Extracto de "Alocución a la Poesía" de Andrés Bello.

& Nevertheless,

　　　　　there will be masks & we will distance ourselves

Where eagles are stolen
Where tigers are imposed
Colonialism is invoked

Like a glob of spit that descends,
Finances are imposed
Oh giver of income
The cold war of bodies is coming

Descending in the middle of deaf shots,

　　　　　open hands releasing solar images

Downed Micaela, Amaru Túpac, downcast Condemayta

　　　　　break down the desire to control tobacco

Unsheathing digital routes,

　　　　　rational hair, the Lautarine Lodge

22.3 million kilometers released,

　　　　　neigh to new ideas, the realities remain

San Martin, Santander, O'Higgins, Monteagudo

　　　　　Enlightened philosophy (good intentions?)

& sin embargo,

       habrá máscaras & nos distanciaremos

Donde se roban las águilas

Donde se imponen los tigres

El colonialismo es invocado

Como un escupitajo que baja,

Se van imponiendo las finanzas

Oh dador de los ingresos

Se acerca la guerra fría de los cuerpos

Descendiendo en medio de disparos sordos,

       manos abiertas soltando imágenes solares

Abatida Micaela, Amaru Túpac, abatida Condemayta

       abate los deseos de controlar el tabaco

Desenvainando rutas digitales,

       cabelleras racionales, logias lautarinas

22,3 millones de kilómetros liberados,

       relinchan nuevas ideas, las realidades se mantienen

San Martin, Santander, O'Higgins, Monteagudo

       filosofía ilustrada (¿buenas intenciones?)

National states at the expense of local logic,

        devastated regional projects

Bolívar as a documentary exception,

        dragging anguish in victory

Casting between credit & private property,

        open the exits, the steps, the entrances

Building coastlines from externalities,

        readjusting the southern screws

Excellency Brigadier Facundo Quiroga

        Victorian civilization at the forefront of barbarism

"los dichos indios no se entendían el uno ni al otro,

        pidiendo agua traían leña,

diciendo, anda puto, traían cobre y calabazas,

        porque anda es cobre, puto, calabazas"*

Old portentous local aggregates,

        controversies between monarchists & republicans

Modernity & technological displacements (1890-1905),

        Diesel engine, airplane, automobile, psychoanalysis,

                /& relativity

The obsession with movement flourishes,

        cinematograph, skepticism, disenchantment, & bitterness

* Excerpt from "The New Chronicle and the Good Government" by Guaman Poma de Ayala.

Estados nacionales a costa de lógicas locales,

            proyectos regionales arrasados

Bolívar como excepción documental,

            arrastrando angustia en la victoria

Fundición entre el crédito & la propiedad privada,

            abiertas las salidas, los pasos, las entradas

Construyendo litorales a punta de externalidades,

            reajustando las tuercas del sur

Excelentísimo brigadier Facundo Quiroga,

            civilización victoriana a punta de barbarie

"los dichos indios no se entendían el uno ni al otro,

            pidiendo agua traían leña,

diciendo, anda puto, traían cobre y calabazas,

            porque anda es cobre, puto, calabazas"*

Viejos portentosos áridos locales,

            debates entre monárquicos & republicanos

Modernidad & desplazamientos tecnológicos (1890-1905),

            motor Diesel, aeroplano, automóvil, psicoanálisis

                        /& relatividad

La obsesión por el movimiento florece,

            cinematógrafo, escepticismo, desencanto & amargura

---

* Extracto de "La Nueva Crónica y el Buen Gobierno" de Guaman Poma de Ayala.

The moon adapts to positivism,

        dissimilar results according to ocular inclinations

Littoral governments facing popular schemes,

        old suns disarming bodies

Cement steps frame coloniality,

        open doors to globalization?

Military forces & family governments,

        extractivism as a formula of progress

Assimilation as a national scheme,

        philosophy of Eurocentric minorities

Time as a measure of irregular moments,

        instances between invested capital & the subdued

The mysteries of the forest bow to capital,

        Lima, Santiago, Asunción, Managua, Brasilia

Beloved whoever has bed bugs on his feet,

        beloved who can fly without losing faith

Oh pure embossed sun,

        prisoner in the tropical *bembon* ring!

Truncated history, progressing historiography

        closed the exits, the steps, the entrances

Illuminism as a redemption of the Americas

        destitution as a science of desires

La luna adaptándose al positivismo,

     resultados disímiles según inclinaciones oculares

Gobiernos litorales ante esquemas populares,

     viejos soles desarmando cuerpos

Pasos de cemento enmarcan colonialidad,

     ¿puertas abiertas a la globalización?

Fuerzas militares & gobiernos familiares,

     extractivismo como fórmula de progreso

La asimilación como esquema nacional,

     filosofía de minorías eurocéntricas

El tiempo como medida de instantes irregulares,

     instancias entre el capital invertido & apagado

Los misterios del bosque ceden ante el capital,

     Lima, Santiago, Asunción, Managua, Brasilia

Amado sea quien tenga chinches en sus pies,

     amado quien pueda volar sin perder la fe

¡Oh puro sol repujado,

     preso en el aro trópico bembón!

Truncada la historia, progresando la historiografía

     cerradas las salidas, los pasos, las entradas

Iluminismo como redención de las Américas,

     la miseria como ciencia de los deseos

How long will your macaws break the world?

 Crossing ahead in the Aperture

Progression of inhabiting solitude,

 it is time for you to make honest the discourse

Where eagles are stolen

Where tigers are imposed

Colonialism is invoked

Like a glob of spit that descends,

Finances are imposed

Oh giver of income

The cold war of bodies is coming

A double standard in the North Indies,

 water tables on the southern capitals

Wilson & the self-determination of population,

 Wilson & the invasion of the Dominican Republic

Comala through the Mexican revolution,

 Treaty of Versailles & the Bolshevik Revolution

Electronic colonialism in the League of Nations,

 Th twentieth century is still ice & never ending

¿Hasta cuándo tus guacamayos romperán el mundo?

        cruzando adelante en la Apertura

Progresismo de soledad habitadora,

        ya es tiempo de sincerar el discurso

Donde se roban las águilas

Donde se imponen los tigres

El colonialismo es invocado

Como un escupitajo que baja,

Se van imponiendo las finanzas

Oh dador de los ingresos

Se acerca la guerra fría de los cuerpos

Doble estándar en las Indias del Norte,

        napas freáticas en las capitales del sur

Wilson & la libre determinación de los pueblos,

        Wilson & la invasión a República Dominicana

Comala a través de la revolución mexicana,

        Tratado de Versalles & la revolución bolchevique

Colonialismo electrónico en la Liga de Naciones,

        el siglo XX sigue siendo hielo & nunca acaba

Mayakovski against the country of the dollar,

        & the post-war witnessed by Amauta

Epocal hypercriticism in the region,

        viral territory over stony waters

High party of modernism to avant-garde,

        from the Alexandrine to an agrammatical verse

Regional wars seen as world wars,

        world ethnocides seen as local

Drums of war like waves,

        eugenically, master

The world order of 45,

        the new world order of 20

Frequencies modulated outwards,

        inwardly modulated frequencies

Batista shuffling cards with the Empire,

        flower & song in colonial times

Prompt and bearded audacity,

        & the New York Times advertising

Spreading broken darts,

        clean fist to colonized shell

& Nicaragua convulsive & recursive,

        & the Tupamaros against Bordaberry

Mayakovski contra el país del dólar,

        & la post guerra testimoniada por Amauta

Hipercriticismo epocal en la región,

        territorio viral sobre aguas pedregosas

Alta fiesta del modernismo al vanguardismo,

        del alejandrino a la agramaticalidad del verso

Guerras regionales vistas como mundiales,

        etnocidios mundiales vistos como locales

Tambores de guerra como olas,

        de manera eugenésica, maestro

El orden mundial del 45,

        el nuevo orden mundial del 20

Frecuencias moduladas hacia afuera,

        frecuencias moduladas hacia adentro

Batista barajando naipes con el Imperio,

        flor & canto en tiempos coloniales

De audacia pronta & barbuda,

        & New York Times haciendo propaganda

Esparciendo dardos rotos,

        a puño limpio a cascarón colonizado

& Nicaragua convulsiva & recursiva,

        & los Tupamaros contra Bordaberry

Because at the root of things is to exorcise oblivion,

        solar revolts in concentric circles

Stroessner against the daintily painted lips,

        September 11 & the Chilean delation

Converging solar images,

        entering the mind like storms

Military juntas in Rio de la Plata,

        Banzer in Bolivia & Brazil Castelo Branco

Soft fate for those who obey,

        greater rigor for those who disobey

Gringos screwed & Commonwealth in the Caribbean,

        islands that do not stop looking the sea

Flying like helium balloons,

        always at fair market price

Where eagles are stolen
Where tigers are imposed
Colonialism is invoked

Like a glob spit that descends,
Finances are imposed
Oh giver of income
The cold war of bodies is coming

Porque la raíz de las cosas es exorcizar el olvido,

       revueltas solares en círculos concéntricos

Stroessner contra las boquitas pintadas,

       11 de setiembre & la delación chilena

Convergiendo imágenes solares,

       entrando a la mente como tempestades

Juntas militares en Rio de la Plata,

       Banzer en Bolivia & Brasil Castelo Branco

Suerte blanda para quien obedece,

       mayor rigor para quien desobedece

Jodieron los gringos & Commonwealth en el Caribe,

       islas que no dejan de mirar al mar

Volando como globos de helio,

       siempre a precio justo de mercado

Donde se roban las águilas

Donde se imponen los tigres

El colonialismo es invocado

Como un escupitajo que baja,

Se van imponiendo las finanzas

Oh dador de los ingresos

Se acerca la guerra fría de los cuerpos

Digital inclusion as the last face of colonialism,

        fresh bureaucracies in the capitals of the system

"La luna, el viento, el año, el día:

        todo camina, pero pasa también

Toda sangre llega al lugar de su reposo,

        como todo poder llega a su trono"*

Disorientation to the oncoming signs,

        predominance of the imagery over the symbolic

Great sacred scarf without angles or circles

        grand green reddish scarf

It is not a matter of bodies,

        role reversal in favor of patriarchy

Burning flames live & directly,

        artificial intelligence, oh master

Because language neighs precious stones,

        fine turquoise in the markets

Round & ribbed,

        experimenting with truth

    Then

Adapt to your powders, only & suddenly

        by longing you moved the levers of luck,

* Excerpt from Maya-Quiche text "The Dzules", from *The Books of Chilam Balam.*

Inclusión digital como fase última de colonialismo

        burocracias frescas en las capitales del sistema

"La luna, el viento, el año, el día:

        todo camina, pero pasa también

Toda sangre llega al lugar de su reposo,

        como todo poder llega a su trono"*

Desorientación frente a los signos venideros,

        predominio del imaginario sobre lo simbólico

Pañuelo sagrado sin ángulos ni círculos,

        gran pañuelo verde colorado

No es cuestión de cuerpos,

        inversión de roles en favor del patriarcado

Ardiendo en vivo & directo

        inteligencia artificial, oh maestro

Porque el lenguaje relincha piedras preciosas

        turquesas finas en los mercados

Redondas & acanaladas,

        experimentando con la verdad

    Entonces

Adáptate a tus polvos, solamente & de golpe

        que por anhelo movías las palancas de la suerte

---

* Extracto Maya-quiché de "Los dzules", perteneciente a *Los libros del Chilam Balam*.

Defying the sharp, confronting the mollusks

       capitalizing strongly over the viral plot,

& again the SEA,

       in each of your seals,

No just one,

       but all of them at the same time

Evaluating a combo of drastic measures,

       conjunction of Jupiter & Saturn

Three extreme news stories open a path,

       they are playing & they are not playing a game

Where eagles are stolen

Where tigers are imposed

Colonialism is invoked

Like a glob of spit that descends,

Finances are imposed

Oh giver of income

The cold war of bodies is coming

Existing through intensities,

       being part of the Structure

Desafiando lo cortante, enfrentando los moluscos

        capitalizando fuerte sobre la trama viral

& nuevamente el MAR,

        en cada uno de tus sellos

No solo uno,

        sino todos a la vez

Evaluando un combo de medidas drásticas,

        conjunción de Júpiter & Saturno

Abriéndose paso tres noticias extremas,

        están jugando & no están jugando un juego

Donde se roban las águilas

Donde se imponen los tigres

El colonialismo es invocado

Como un escupitajo que baja,

Se van imponiendo las finanzas

Oh dador de los ingresos

Se acerca la guerra fría de los cuerpos

Existiendo a través de intensidades,

        siendo parte de la Estructura

Vain villager, listen

The entire world is not your village

Mask & games

The world, oh vain one

it is not your return.

Ecuador-Perú-Brazil-Spain-U.S-Guatemala-Mexico
2018 - 2020

Aldeano vanidoso, escucha

El mundo entero no es tu aldea

Máscaras & juegos

El mundo, oh vanidoso

no es tu retorno.

Ecuador-Perú-Brasil-España-EE.UU-Guatemala-Méxzico
2018 – 2020

Acerca del autor | About the Author

Luis E. Mendoza (Perú, 1987). Es investigador interdisciplinario. Sus textos han aparecido en los libros *Multilingual Antology for The Americas Poetry Festival of New York* (2019), *Sin Tapabocas: Memorias de una Pandemia* (2020), así como en revistas, páginas literarias y fanzines.

Estudió Filosofía y Derecho en la PUCP. Obtuvo una maestría en Estudios Latinoamericanos y actualmente cursa un doctorado en Artes Interdisciplinarias en la Universidad de Ohio. Ha publicado *Capital/Contracapital* (2016). NN es su segundo libro.

Luis E. Mendoza (Perú, 1987). Interdisciplinary researcher. His texts have published in the books *Multilingual Anthology for the Americas Poetry Festival of New York* (2019), *Sin Tapabocas: Memorias de una Pandemia* (2020), as well as magazines, literary websites and fanzines.

He has a degree in Philosophy and Law at PUCP. He holds a master degree in Latin American Studies and currently pursues a Ph.D. at Ohio University. He has published *Capital/Contracapital* (2016). NN is his second book.

Otros títulos | Other titles | El Sur es América

Index

Indice

www.ingramcontent.com/pod-product-compliance
Lightning Source LLC
Chambersburg PA
CBHW030542180626
46810CB00005B/1969